MEDIA VACA
GRANDES Y PEQUEÑOS # 7

dirige la colección: Vicente Ferrer
diseño gráfico: Alejandra Hidalgo

© del texto: Herederos de Federico García Lorca 2008
　　por acuerdo con Mercedes Casanovas Agencia Literaria
© de las ilustraciones: Manuel Flores García 2008
© de esta edición: Media Vaca 2008
diagramación: M. Flores & A. Hidalgo
1ª edición: noviembre de 2008
tirada de 2.000 ejemplares
depósito legal: M-51401-2008
isbn: 978-84-935982-8-0
impreso en España / printed in Spain

impresión: Brizzolis, arte en gráficas
calle de las Marismas 5
Área Empresarial Andalucía
28320 Pinto (Madrid)
tel: (+34) 91 691 91 30
arteengraficas@brizzolis.com

encuadernación: Ramos

edita: Media Vaca
calle Salamanca 49, pta. 13
46005 Valencia - ESPAÑA
tel / fax: (+34) 96 395 69 27
mediavaca@mediavaca.net
www.mediavaca.com

El contenido de esta obra no debe ser reproducido
mediante procedimientos fotomecánicos ni por ningún
otro sistema hipercientífico. Mejor que eso, memorícelo
y recítelo en lugares públicos ante cualquier auditorio
con gestos exagerados y prodigiosos volantines.

FEDERICO GARCÍA LORCA
EL PASEO DE BUSTER KEATON (1925)
ILUSTRADO POR MANUEL FLORES

MEDIA VACA

a Rocío

PERSONAJES: **buster keaton el gallo el búho un negro una americana un joven.**

GALLO

Kikirikí.

(Sale Buster Keaton con sus cuatro hijos de la mano.)

BUSTER KEATON.

¡Pobres hijitos míos!

(Saca un puñal de madera y los mata.)

GALLO.

Kiki-
rikí.

BUSTER KEATON.

(Contando los cuerpos en tierra.)

Uno, dos, tres y cuatro.

(Coge una bicicleta y se va.

Entre las viejas llantas de goma y bidones de gasolina, un negro come su sombrero de paja.)

BUSTER KEATON.

¡Qué hermosa tarde!

(Un loro revolotea en el cielo neutro.)

BUSTER KEATON.

¡Da gusto pasear en bicicleta!

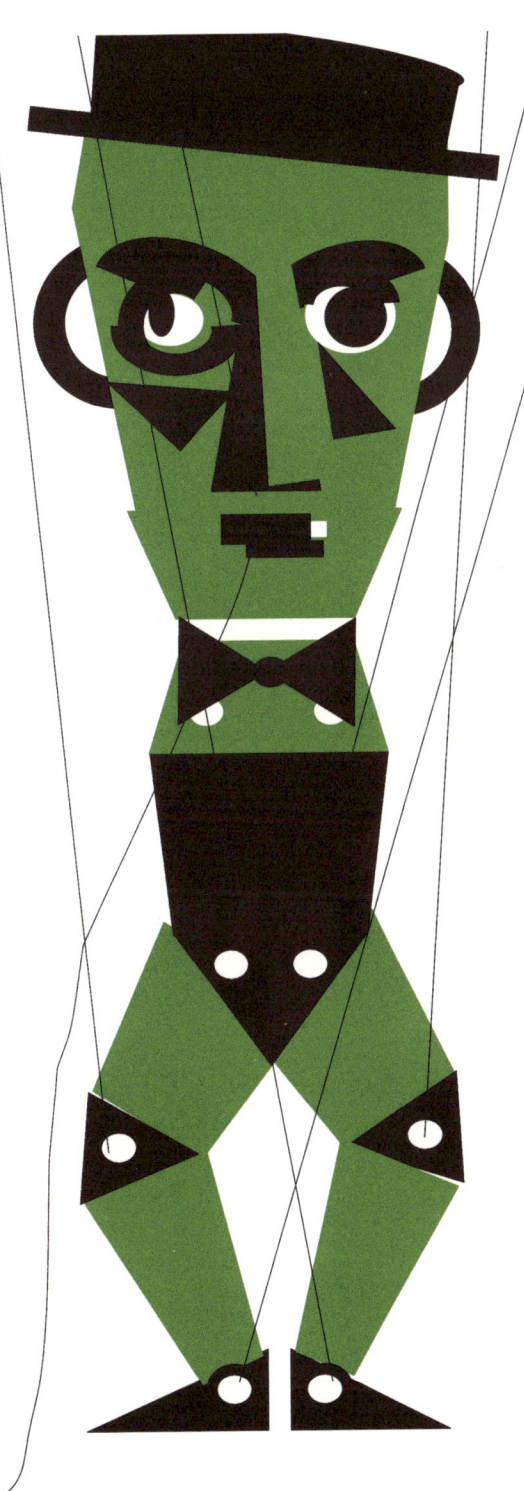

EL BÚHO.

Chirri, chirri, chirri, chi.

BUSTER KEATON.

¡Qué bien cantan los pajarillos!

EL BÚHO.

Chirrrrrrrr rrrrr.

BUSTER KEATON.

Es emocionante.

(Pausa)

(Buster Keaton cruza inefable los juncos y el campillo de centeno. El paisaje se achica entre las ruedas de la máquina.

La bicicleta tiene una sola dimensión. Puede entrar en los libros y tenderse en el horno de pan. La bicicleta de Buster Keaton no tiene el sillón

de caramelo,
ni los pedales
de azúcar,
como quisieran
los hombres
malos.
Es una bicicleta
como todas,
pero la única
empapada
de inocencia.

**Adán y Eva
correrían
asustados
si vieran
un vaso
lleno de agua,
y acariciarían
en cambio
la bicicleta
de Keaton.)**

BUSTER KEATON.

¡Ay amor, amor!

(Buster Keaton cae al suelo. La bicicleta se le escapa. Corre detrás de dos grandes mariposas grises. Va como loca, a medio milímetro del sueño.)

BUSTER KEATON.

(Levantándose.)

No quiero decir nada. ¿Qué voy a decir?

UNA VOZ.

Tonto.

BUSTER KEATON.

Bueno.

(Sigue andando.)

(Sus ojos infinitos y tristes como los de una bestia recién nacida, sueñan lirios, ángeles y cinturones de seda.

Sus ojos,
que son de culo
de vaso. Sus ojos
de niño tonto.
Que son feísimos.
Que son
bellísimos.
Sus ojos
de avestruz.
Sus ojos humanos
en el equilibrio
seguro de la
melancolía.

*A lo lejos
se ve Filadelfia.*

*Los habitantes
de esta urbe
ya saben que
el viejo poema
de la máquina
Singer puede
circular entre
las grandes
rosas de los
invernaderos,*

aunque
no podrán
comprender
nunca qué
sutilísima
diferencia
poética existe
entre una taza
de té caliente
y otra taza
de té frío.
A lo lejos, brilla
Filadelfia.)

BUSTER KEATON.

Esto es un jardín.

(Una Americana con los ojos de celuloide viene por la hierba.)

AMERICANA.

Buenas tardes.

(Buster Keaton sonríe y mira en gros plan los zapatos de la dama. ¡Oh qué zapatos!

¡No debemos admitir esos zapatos! Se necesitan las pieles de tres cocodrilos para hacerlos.)

BUSTER KEATON.

Yo quisiera...

AMERICANA.

¿Tiene usted una espada adornada con hojas de mirto?

(Buster Keaton
se encoge
de hombros
y levanta el pie
derecho.)

AMERICANA.

¿Tiene usted
un anillo
con la piedra
envenenada?

(Buster Keaton
cierra lentamente
los ojos y levanta
el pie izquierdo.)

AMERICANA.

¿Pues entonces...?

(Cuatro serafines
con las alas
de gasa celeste,

bailan entre
las flores.
Las señoritas
de la ciudad
tocan el piano
como si montaran
en bicicleta.
El vals, la luna
y las canoas,
estremecen
el precioso corazón
de nuestro amigo.

Con gran sorpresa de todos el otoño ha invadido el jardín, como el agua al geométrico terrón de azúcar.)

BUSTER KEATON.

(Suspirando.)

Quisiera ser un cisne. Pero no puedo aunque quisiera.

Porque
¿dónde
dejaría
mi sombrero?
¿dónde
mi cuello
de pajaritas
y mi corbata
de moaré?

¡Qué desgracia!

(Una Joven, cintura de avispa y alto cucuné, viene montada en bicicleta. Tiene cabeza de ruiseñor.)

JOVEN.

¿A quién tengo el honor de saludar?

BUSTER KEATON.

(Con una reverencia.)

A Buster Keaton.

(La Joven se desmaya y cae de la bicicleta. Sus piernas a listas tiemblan en el césped como dos cebras agonizantes.

Un gramófono decía en mil espectáculos a la vez: «En América, no hay ruiseñores».)

BUSTER KEATON.

(Arrodillándose.)

Señorita Eleonora, ¡perdóneme que yo no he sido!

¡Señorita!

(Bajo.)

¡Señorita!

(Más bajo.)

¡Señorita!

(La besa.)

(En el horizonte de Filadelfia luce la estrella rutilante de los policías.)

n

EL PASEO DE BUSTER KEATON («diálogo» e incluso «diálogo tiernísimo» lo llamaría el propio Lorca) fue publicado en Granada en 1928 en el segundo y último número de la revista *gallo*.

En julio de 1925, Federico le escribía a su amigo Melchor Fernández Almagro: «(...) Hago unos diálogos extraños, profundísimos de puro superficiales, que acaban todos ellos con una canción. Ya tengo hecho "La doncella, el marinero y el estudiante", "El loco y la loca", "El teniente coronel de la guardia civil", "Diálogo de la bicicleta de Filadelfia" (...) Poesía pura. Desnuda. Creo que tienen gran interés. Son más <u>universales</u> (el subrayado es de Lorca) que el resto de mi obra... (que, entre paréntesis, no la encuentro aceptable)».

Eso decía Lorca. ¡Háganle caso! *El paseo de Buster Keaton* es un texto extraordinario. Más allá de la muerte y el amor, o su imposibilidad, tan breves y por ello intensamente reflejados, esta «obrita minúscula» de Federico es un pequeño tesoro que se puede llevar escondido en los bolsillos.

Poesía de existencia improbable si Buster, «el destructor» (así lo apodó su padrino artístico, el gran escapista Houdini, al verlo caer por una escalera sin daño a la edad de tres años) no hubiera soñado y realizado antes películas como *Una semana* (1920), *El gran espectáculo* (1921), *La casa eléctrica* (1922), *La ley de la hospitalidad* (1923) o *El moderno Sherlock Holmes* (1924).

Ese niño, anunciado como «el estropajo humano», y del que Alberti recuerda que se hizo amigo de una vaca, era pisoteado y volaba en espectáculos de vodevil de lado a lado del escenario mientras las autoridades interrogaban a los padres. Es el mismo niño trágico e inocente que nos iluminó con sus gestos y nunca recuperó la voz. Todos, sueño, hemos jugado alguna vez a ser Joseph Francis *Buster* Keaton.

«Busterkitonianos», dice Vicente el editor (valiente él, que además ha inventado la palabra), son los dibujos, meticulosa y maniáticamente construidos con cuadraditos y redondeles. Menos atrevido yo, aspiro a no ofender con ellos el recuerdo de Buster y Federico. MANUEL FLORES

BUSTER KEATON, ¡HE AHÍ LA POESÍA PURA, PAUL VALÉRY!

SALVADOR DALÍ: *SAN SEBASTIÁN* (1927)